Medusas

Grace Hansen

Abdo
Kids

LA VIDA EN EL OCÉANO

abdopublishing.com

Published by Abdo Kids, a division of ABDO, PO Box 398166, Minneapolis, Minnesota 55439.

Printed in the United States of America, North Mankato, Minnesota.

052016

092016

Spanish Translator: Maria Puchol, Pablo Viedma

Photo Credits: Glow Images, iStock, Science Source, Shutterstock, Thinkstock, © Nicholas Doumani / CC-BY-ND-2.0 p.18

Production Contributors: Teddy Borth, Jennie Forsberg, Grace Hansen

Design Contributors: Laura Rask, Dorothy Toth

Publishers Cataloging-in-Publication Data

Names: Hansen, Grace, author.

Title: Medusas / by Grace Hansen.

Other titles: Jellyfish. Spanish

Description: Minneapolis, MN : Abdo Kids, [2017] | Series: La vida en el océano | Includes bibliographical references and index.

Identifiers: LCCN 2016934886 | ISBN 9781680807462 (lib. bdg.) | ISBN 9781680808483 (ebook)

Subjects: LCSH: Jellyfishes--Juvenile literature. | Spanish language materials--Juvenile literature.

Classification: DDC 593.5--dc23

LC record available at http://lccn.loc.gov/2016934886

Contenido

Medusas

Las medusas viven en los océanos de todo el mundo. Generalmente viven cerca de las **costas**.

4

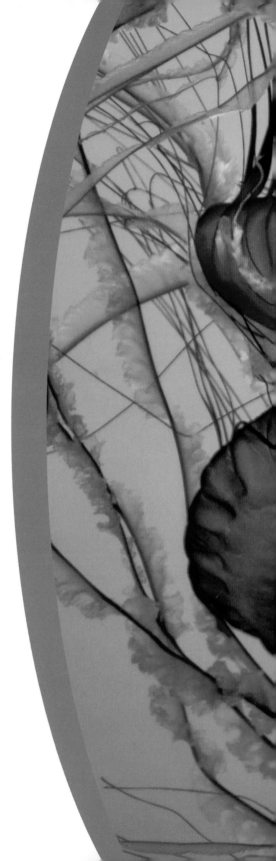

5

Las medusas pueden ser de muchos colores. Son de muchas formas y tamaños.

7

La medusa melena de león
del ártico es la más grande.
¡Puede llegar a medir 120 pies
(37m) de longitud!

9

La cabeza de la medusa tiene forma de campana. Tienen boca. Tienen **tentáculos** y **brazos orales**.

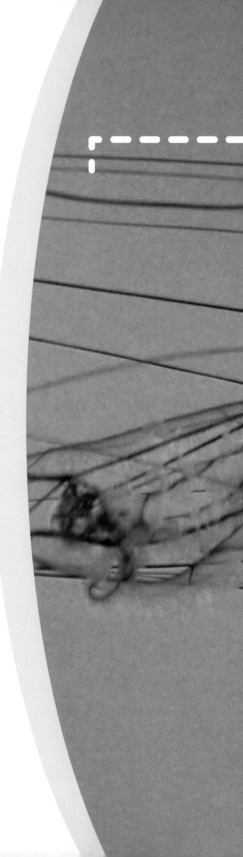

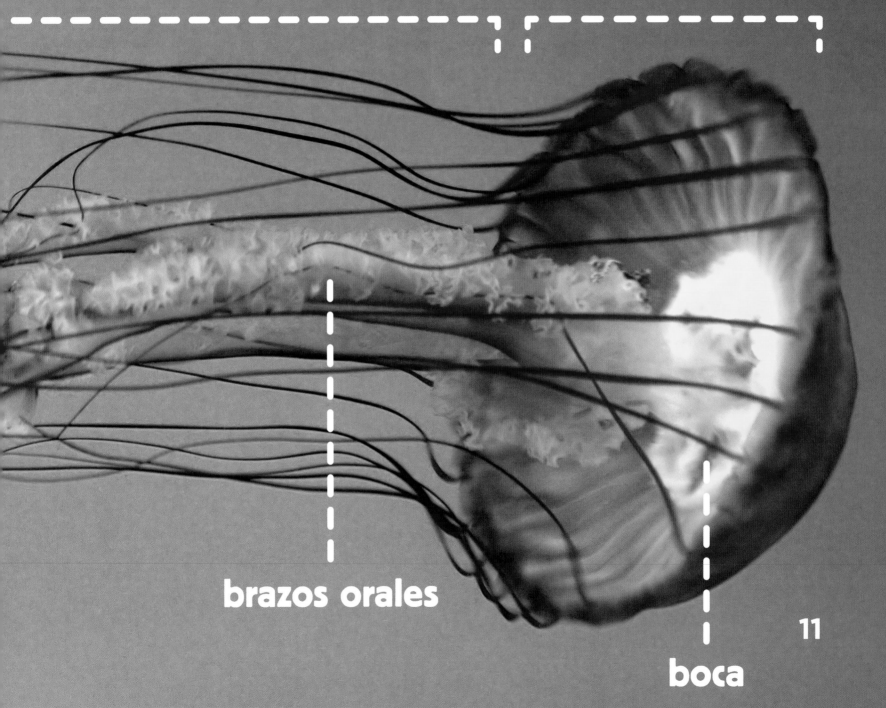

tentáculos

cabeza

brazos orales

boca

11

Las medusas se mueven
lentamente. Algunas expulsan
agua por la boca para moverse.

13

Alimentación y comida

Para atrapar alimento usan los **tentáculos**. Los tentáculos pican a la **presa**.

Las picaduras son **venenosas**.

El veneno **paraliza** a la **presa**.

Los **brazos orales** son los
que introducen el alimento
en la boca.

Las medusas comen plancton.
Las medusas grandes comen
peces y camarones entre
otras cosas.

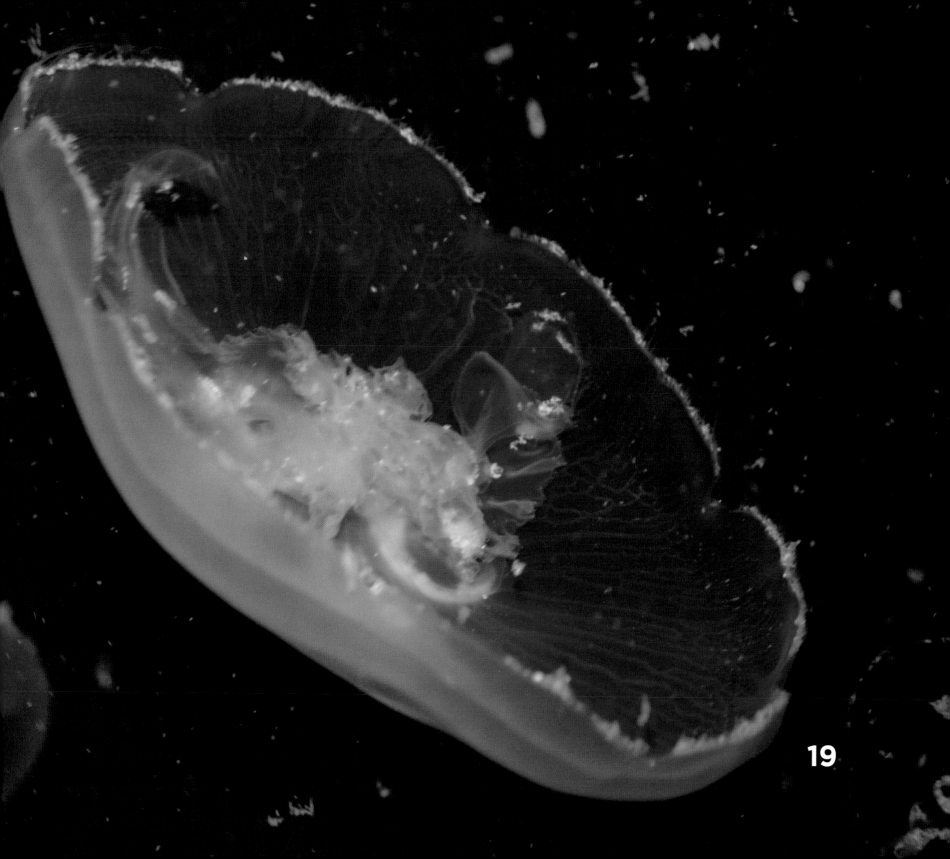

19

Crías de medusa

Las medusas ponen huevos.

Las medusas jóvenes no se

parecen a las adultas.

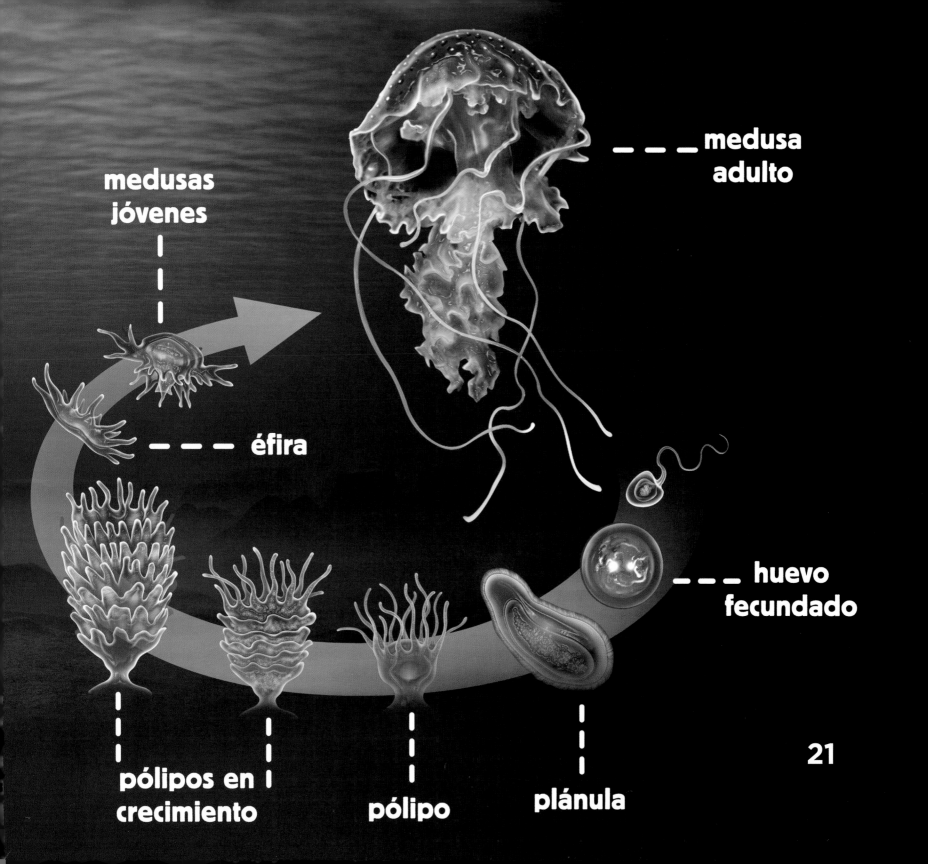

medusas
jóvenes

medusa
adulto

éfira

huevo
fecundado

pólipos en
crecimiento

pólipo

plánula

21

Más datos

- A veces en inglés se las llama "jellies". Las medusas no tienen corazón, cerebro, huesos ni orejas, como la mayoría de los otros animales.

- Hay alrededor de 1,500 especies conocidas de medusas.

- Existen medusas desde mucho antes que los dinosaurios.

Glosario

brazo oral – las medusas generalmente tienen cuatro. Están cerca de la boca y los usan para alimentarse. Son más gruesos que los tentáculos.

costa – tierra cercana al océano.

paralizar – causar pérdida de movimiento o sensación en alguna parte del cuerpo.

plancton – diminutos organismos que flotan en el mar.

presa – animal que es cazado por un depredador para comérselo.

tentáculo – brazo delgado y flexible que sirve para picar a las presas.

venenoso – que tiene veneno. El veneno es tóxico.

Índice

abdokids.com

¡Usa este código para entrar en abdokids.com y tener acceso a juegos, arte, videos y mucho más!

Código Abdo Kids:
OJK7099

24